AF497871

Statuts

ET

RÈGLEMENS

PARTICULIERS

De la L∴ Française

SOUS LE TITRE DISTINCTIF DE L'INTERPRÈTE-MAÇONNE,

à l'Or∴ de Granville.

*
* *

COUTANCES,

IMPRIMERIE DE J. V. VOISIN, LIBRAIRE.

1831.

STATUTS

ET

RÈGLEMENS

PARTICULIERS

De la L∴ Française

SOUS LE TITRE DISTINCTIF DE L'INTERPRÈTE MAÇONNE,

à l'Or∴ de Granville.

CHAPITRE PREMIER.

Art. 1.er La Loge est invariablement fixée à l'Or∴ de Granville, sous le titre distinctif de l'interprète Maçonne et attachée à son Souverain Chapitre, le Grand Or∴ de France.

Art. 2. Elle ne reconnaîtra désormais pour membres de son atelier que les FF∴ qu'elle y aura reçus ou agrégés.

Art. 3. Le tableau des FF∴ de la L∴ et ceux des RR∴ FF∴ affiliés et correspondans, décoreront la chambre des pas perdus.

CHAPITRE IIe

Art. 4. Les Officiers de la L.·. sont : le Vénérable, l'ex-Vénérable, le premier Surveillant, le second Surveillant, l'Orateur, le Secrétaire, le Trésorier, le Garde-des-Sceaux, le premier, le deuxième Expert, le premier et deuxième Maître des Cérémonies, le Garde des Archives, vérificateur de la caisse, l'Hospitalier-Aumônier, le Maître-d'Hôtel ou Économe, le F.·. Couvreur.

CHAPITRE IIIe

DU VÉNÉRABLE.

Art. 5. Le Vén.·. Président de la L.·. dans toutes les assemblées tant ordinaires qu'extraordinaires.

Art. 6. Aucun F.·. ne pourra reprendre le Vén.·., sa dignité le mettant au-dessus de tout reproche; on pourra néanmoins lui faire les observations que l'on croira convenables lorsqu'on ne sera pas de son avis sur les objets soumis à la délibération.

Art. 7. Le Vén.·. sera Commissaire né de toutes les Commissions qui pourront être établies pour quelque cause que ce soit; il pourra cependant se dispenser d'y assister.

Art. 8. Le Vén.·. désignera les membres qui doivent composer les diverses Commissions.

Art, 9. Le Vén.·. aura le droit de convoquer la L.·. extraordinairement; en son absence, le premier Surveillant et autres, suivant leurs dignités.

Art. 10. Le Vén.·. aura le droit de fermer les Trav.·. au milieu d'une délibération, lorsqu'il le croira nécessaire pour le bien et l'avantage de l'ordre en remettant la délibération à une autre séance.

Art. 11. Lorsque le Vén.·. se présentera en L.·. ouverte, il sera annoncé, et celui qui préside les Trav.·. nommera cinq FF.·. pour aller le recevoir; chaque F.·. se mettra à l'ordre, le glaive en main, les maillets batteront, le Vén.·. sera introduit sous la voute d'acier et conduit à l'Or.·.

CHAPITRE IV.ᵉ

DE L'EX-VÉNÉRABLE.

Art. 12. L'ex-Ven.·. n'est chargé d'aucun office. Sa place est à l'Ord.·., il a la parole de droit. Il est le défenseur des FF.·. contre lesquels il y a des plaintes portées. Il ne peut être repris par aucun F.·.

CHAPITRE V.ᵉ

DES SURVEILLANS.

Art. 13. Les Surveillans auront après le Vén.·. l'autorité maçonique sur toute la L.·.

Art. 14. Ils annonceront chacun à leur colonne les Trav.·. proposés par le Vén.·. ; ils l'avertiront de tous ce qui se passera, soit dans l'intérieur, soit à l'extérieur de la L.·. ; ils veilleront particulièrement à ce que les FF.·. de leur colonne observent le plus profond silence.

Art. 15. Lorsqu'un F.·. leur demandera la permission de parler, ils avertiront le Vén.·. qui seul a le droit de l'accorder.

Art. 16. L'orqu'un F.·. de leur colonne parlera sans permission, ils lui imposeront silence par un coup de maillet et l'avertiront qu'il doit la demander.

Art. 17. Les Sur.·. n'accorderont la permission de sortir de la L.·. que lorsque les FF.·. qui la leur demanderont seront dans l'intention de rentrer avant la clôture des Trav.·. , sinon ils avertiront le Vén.·., qui seul pourra accorder la permission de sortir pour ne plus rentrer en séance.

Art. 18. Les Sur.·. ne pourront, sous quelque prétexte que ce soit, laisser leurs places vacantes, et toutes les fois qu'ils seront obligés de la quitter, ils ne pourront le faire qu'après avoir demandé et obtenu du Vén.·. la permission de se faire remplacer.

Art. 19. Les Surveil.·. en fonctions ne pourront être repris que par le Vén.·., aucun F.·. ne pourra les accuser.

Art. 20. Lorsqu'un Sur.·. sera introduit en L.·.,

les Trav.·. étant ouverts, tous les FF.·. se tiendront debout et à l'ordre jusqu'à ce que le Vén.·. l'ait invité à prendre place.

CHAPITRE VI.º

DE L'ORATEUR.

Art. 21. L'orat.·. dénonce les infractions et négligences, il demande la parole directement au Vén.·., et elle lui est accordée de préférence à tous les autres FF.·.

Art. 22. Il est l'interprète des sentimens de la L.·., et, en conséquence, il est tenu de prononcer les discours quand on reçoit les initiés ou affiliés.

Art. 23. Il met son visa sur toutes les expéditions ordonnées par la L.·., il ne peut s'y refuser.

Art. 24. Aux fêtes de l'ordre, il rendra compte des principaux objets dont la L.·. se sera occupé pendant le semestre, et fera un discours relatif à la fête.

Art. 25. Il résume les avis dans toutes les délibérations et donne ses conclusions sur toutes les questions.

Art. 26. Il ne s'écartera jamais, dans ses conclusions, des Statuts et Règlemens de la L.·. dont il aura une copie sur son bureau ; il veillera scrupuleusement à ce qu'ils soient observés et en requérera l'exécution toutes les fois qu'il le jugera bon.

Art. 27. Si la L∴ décide qu'un morceau d'architecture sortira de l'At∴, il en prendra communication particulière ; s'il juge à propos d'en corriger la rédaction, il en fera son rapport à la commission de correspondance.

Art. 28. L'Orat∴ Adjoint remplacera de droit l'Orat∴ ; lorsque ce dernier devra présenter un morceau d'architecture dans une séance à laquelle il ne lui sera pas possible de se trouver, il sera tenu d'en instruire son adjoint assez à temps pour que celui-ci puisse le suppléer.

CHAPITRE. VII.ᵉ

DU SECRÉTAIRE.

Art. 29. Le Secrét∴ convoquera la L∴ trois jours avant l'assemblée, par des circulaires dans lesquelles il indiquera le jour, l'heure, l'objet de la séance. S'il y a banquet, il en fera mention sur les planches de convocation.

Art. 30. Il tiendra la plume pendant la durée des Trav∴ et fera sur l'esquisse une note sommaire des objets dont la L∴ s'occupera.

Art. 31. Il en fera la rédaction qu'il soumettra à l'assemblée suivante, en y insérant l'extrait des pièces d'architectures qui auront été adoptées.

Art. 32. Il présentera à la séance qui suivra celle où les Officiers auront été élus, le tableau de tous les membres de la L∴; ce tableau contiendra les noms, prénoms, qualités civiles et maçonniques, la date de la réception ou de l'agrégation, l'âge, le lieu de naissance et la demeure de tous les FF∴.

Art. 33. Il présentera ce tableau à la signature de tous les membres de la L∴, et le remettra à la commission de révision.

Art. 34. Il sera chargé de tracer les planches, expéditions et autres écritures ordonnées par la L∴; il apposera au bas de la signature, *par mandement de la L∴.*

Art. 35. Il fera tous les envois.

Art. 36. Les FF∴ zélés seront à sa disposition pour tout ce qui regardera le secrétariat.

Art. 37. Lorsqu'il y aura réception ou banquet, il en préviendra l'Or∴, afin de donner à ce dernier le temps de préparer le discours d'usage.

Art. 38. Le Secrét∴ Adjoint remplacera toujours le Secrét∴ en exercice et l'aidera toutes les fois qu'il sera surchargé de travail.

Art. 39. Dans le cas où le Secrét∴ ne pourrait se rendre à une séance, il enverra le procès-verbal des derniers Trav∴ à la L∴, cette pièce sera sous enveloppe et cachetée.

Art. 40. Le F∴ Secrét∴ sera tenu d'envoyer à chaque séance le livre d'architecture pour que le Vén∴ et l'Orat∴, ou ceux qui les remplaceraient dans ces fonctions, apposent leurs signatures au bas du procès-verbal de la séance précédente ; ce livre sera sous bandes et cacheté.

CHAPITRE VIII.e

DU TRÉSORIER ET DE SON ADJOINT.

Art. 41. Le Trésorier sera le dépositaire de tous les fonds de la L.·. , il tiendra à cet effet un registre de recettes et de dépenses.

Art. 42. chaque article de recette contiendra la date du jour où la somme aura été reçue , le nom du F.·. qui l'aura payée et le motif du versement.

Art. 43. Chaque article de dépense contiendra la date du paiement , et la quittance portera le N.º de l'article du registre.

Art. 44. Le Trésorier ne pourra payer aucune somme que sur le vu d'un bon à payer , signé par trois FF.·. qui composent la Commission de vérification. Il ne pourra signer aucun titre sans que le F.·. qui le réclamera ne soit libéré , sous peine de la responsabilité.

Art. 45. Le Trés.·. donnera quittance pour toutes les sommes qu'il recevra , comme don gratuit et prêt.

Art. 46. Dans la dernière assemblée de chaque trimestre , il sera tenu de présenter la note de ce qui sera dû pour cotisation ou autres objets ; il remettra la liste des FF.·. qui seront redevables , après les avoir néanmoins prévenus huit jours avant cette assemblée.

Art. 47. Le Trés∴ rendra ses comptes tous les six mois, quelques jours avant la Fête de l'Ordre.

Art. 48. Il les présentera, avec toutes les pièces justificatives, à la commission de vérification qui les examinera, article par article, les arrêtera et les signera.

Art. 49. La commission fera son rapport dans la séance qui suivra celle de la Fête du Patron.

Art. 50. Le Trés∴ Adjoint aidera ou remplacera le Trés∴ en exercice dans toutes ses fonctions. Dans ce dernier cas, il n'entrera en fonction qu'après un inventaire fait par la commission des finances.

CHAPITRE IX.ᵉ

DES EXPERTS.

Art. 51. Les Exp∴ seront spécialement chargés de reconnaître les Visit∴, de distribuer le scrutin, de le recueillir et de le vérifier. Les bulletins des élections seront également soumis à leur vérification.

Art. 52. Le second Exp∴ sera toujours chargé de préparer les récipiendaires.

CHAPITRE X.ᵉ

DU MAÎTRE DES CÉRÉMONIES.

Art. 53. Les Maît∴ des cérémonies veilleront à ce que chaque F∴ occupe la place qui lui appartient, et avertiront, à voix basse, celui qui ne sera pas à la sienne.

Art. 54. Le soin particulier du Maît.·. des Cérém.·. sera de connaître les honneurs à rendre, d'avertir le Vén.·. de ceux qui sont dus aux FF.·. Visit.·. quand le Vén.·. le leur demandera.

Art. 55. Ils auront toujours le glaive en main et se mettront à la tête de la députation chargée de recevoir et d'introduire les Visit.·.

CHAPITRE XI.e

DU GARDE-DES-SCEAUX.

Art. 56. Le Garde-des-Sceaux sera dépositaire des timbres et sceaux de la L.·.; en les recevant il en donnera récépissé.

Art. 57. Il timbrera les papiers et parchemins à l'usage de la L.·. et les remettra au Garde des Archives.

Art. 58. Il scellera tous les actes émanés de la L.·., et inscrira au bas de la pièce : timbré et scellé par nous Garde-des-sceaux et timbres.

Art. 59. Il ne pourra sceller aucune pièce, qu'elle n'ait été revêtue de la signature du Vén.·., du Secrét.·. et du Trés.·.

CHAPITRE XII.ᶜ

DU GARDE DES ARCHIVES.

Art. 60. Le dépôt des archives sera au local ; la garde en est confiée à l'Archiviste.

Art. 61. L'Archiviste enregistrera toutes les pièces par ordre de date, et mettra à la fin de son registre une table des matières pour faciliter les recherches.

Art. 62. Il ne pourra confier aucune pièce avec déplacement sans y être autorisé par une délibération de la L∴ ; le Vén∴, l'ex-Vén∴, l'Orat∴ et le Secrét∴, sont cependant exceptés de cette disposition ; dans l'un et l'autre cas, il en tirera un reçu.

Art. 63. La Log∴, ou une Commission nommée par elle, pourra lui demander compte des pièces déposées.

CHAPITRE XIII.ᶜ

DE L'ARCHITECTE VÉRIFICATEUR DE LA CAISSE.

Art. 64. L'Archit∴ Vérif∴ sera chargé de la décoration et entretien des meubles de la Log∴, il veillera à la distribution des bougies, à la consommation du chauffage et à la conservation et entretien des effets, tentures et décorations de la L∴ ; les FF∴ zélés sont à sa disposition.

Art. 65. Il ne pourra faire aucune dépense sans s'en être entendu avec les Commissions des finances et d'embellissement, auxquelles il rendra compte à la fin de chaque semestre.

CHAPITRE XIV.ᵉ

DE L'HOSPITALIER-AUMÔNIER.

Art. 66. L'Hospitalier est chargé de faire circuler le tronc de bienfaisance, il le remettra au Vén.·. qui le vérifiera en sa présence, aidé du F.·. Sècrét.·., il en retirera le produit après que mention en aura été faite dans l'esquisse des Trav.·. du jour.

Art. 67. Il visitera très-fréquemment les FF.·. dont la situation appellerait l'intérêt de la L.·., et il en rendra compte à chaque assemblée.

Art. 68.·. Il sera dépositaire des fonds qu'auront produit les quêtes de bienfaisances, et il tiendra, pour cet objet, un registre des recettes et des dépenses sur lequel il en inscrira le produit : ce registre sera présenté tous les trimestres à la Commission des finances.

Art. 69. Il recevra les dons gratuits que l'on pourra faire pour des actes de bienfaisances, il en rendra compte à l'assemblée suivante, sans nommer le F.·. qui l'aurait fait, à moins que ce dernier n'y consente.

Art. 70. Toutes les amendes sont au profit de la caisse ; il est chargé de leur recouvrement.

Art. 71. L'Hospitalier sera le distributeur des secours à accorder.

Art. 72. Les demandes en secours extraordinaires lui seront adressées ou renvoyées ; ce ne sera que sur son rapport que la L.·. prononcera.

Art. 73. L'Hospitalier pourra délivrer jusqu'à la somme de trois francs, sans attendre la délibération de la L.·., il sera tenu d'en rendre compte à l'assemblée suivante.

Art. 74. Il ne devra donner de secours qu'autant qu'il aura de fonds disponibles dans sa caisse.

Art. 75. Dans l'assemblée destinée à célébrer la Fête de l'Ordre, il rendra un compte sommaire des actes de bienfaisances exercés pendant le semestre.

CHAPITRE XV.ᵉ

DE L'ÉCONOME.

Art. 76. La disposition des banquets, ainsi que tout ce qui a rapport aux décorations, chauffage et illuminations de la salle, seront sous la direction de l'Économe.

Art. 77. Il ne pourra apporter aucun changement à ce qui aura été arrêté par la L.·. pour les dépenses et détails des banquets.

Art. 78. Les FF∴ zélés seront spécialement à ses ordres.

Art. 79. Le prix des banquets devra être acquitté à l'avance.

Art. 80. Si les dépenses du banquet surpassent la somme produite par les cotisations, il en justifiera à l'assemblée suivante et il lui sera délivré un mandat sur le trésor pour acquitter le surplus.

CHAPITRE XVI.e

DU F∴ COUVREUR.

Art. 81. Le F∴ Couvreur se tiendra constamment le glaive en main, il aura soin que la L∴ soit toujours bien couverte, il pourra seul ouvrir et fermer la porte du Temple.

Art. 82. Lorsqu'on frappera, il ira, à voix basse, en avertir le second Surveillant.

Art. 83. Il n'ouvrira la porte qu'après en avoir reçu l'ordre ; avant d'ouvrir il frappera, un coup en dedans, pour qu'on lui réponde au dehors par la batterie du grade que tient la L∴

Il ne permettra l'entrée qu'après avoir reçu le mot de passe, le mot de semestre, les signes et attouchemens du grade que la L∴ tient, et exigera que les FF∴ soient décorés.

Art. 84. Quand il aura à communiquer à l'extérieur les ordres que la L∴ voudra transmettre dans les parvis du Temp∴, il devra préalablement se faire remplacer.

CHAPITRE XVII.ᵉ

DES MEMBRES HONORAIRES.

Art. 85. Un Membre honoraire de la L∴ n'est plus sujet à la contribution, il reste néanmoins inscrit sur le tableau.

Art. 86. Il peut fréquenter les Trav∴ quand il le désire, mais il ne peut remplir aucune fonction.

Art. 87. Il occupe une place d'honneur, il a voix délibérative sur tous les objets, à l'exception de ceux des finances.

Art. 88. Il est convoqué comme tous les autres FF∴

Art. 89. Un F∴ décoré du grade de M∴ est membre honoraire de droit, s'il a exercé vingt ans sans interruption.

Art. 90. Un Élu est membre honoraire après vingt-un ans d'assiduité, ou après dix-huit ans, s'il a été Vén∴

Art. 91. Un Écossais après dix-neuf ans d'assiduité, ou après dix s'il a été Vén∴

Art. 92. Un Chev∴ R∴✝, après neuf ans d'assiduité, ou après sept ans, s'il a présidé la chambre des hauts grades.

Art. 93. Un F∴ honoraire qui consent a remplir une dignité est aussi assujetti aux mêmes obligations que les autres FF∴ de la L∴

CHAPITRE XVIII.ᵉ

DES HONNEURS A RENDRE.

Art. 94. Les droits, prérogatives et honneurs attachés au caractère Maçoniq∴, et aux grades supérieurs, seront rendus dans toutes les circonstances et selon le mode indiqué par les réglemens du chapitre.

Art. 95. A cet effet, un exemplaire desdits règlemens sera déposé sur l'autel pour y avoir recours au besoin, et lecture en sera donnée en L∴ une fois par trimestre.

CHAPITRE XIX.ᵉ

DES COMMISSIONS.

Art. 96. Les Commissions sont de deux espèces, les Commissions éventuelles et annuelles.

Art. 97. Les Commissions annuelles sont au nombre de trois, savoir :

1.º La Commission administrative ou des finances;

2.º La Commission des correspondances;

3.º La Commission d'embellissement.

Ces Commissions seront toujours composées de sept membres et formées ainsi qu'il suit :

La 1.re Du Vén.·. , de l'ex-Vén.·. , des deux Sur.·. , de l'Orat.·. , du Secrét.·. et du Trés.·.

La 2.e Du Vén.·. , de l'ex-Vén.·. , des deux Surveil.·. , de l'Orat.·. , du Secrét.·. et d'un F.·. désigné par le Vén.·.

La 3.e Du Vén.·. , de l'ex-Vén.·. , des deux Surveil.·. , de l'Orat.·. , du Secrét.·. et de l'Arch.·.

Art. 98. Les Commissions éventuelles seront formées d'après la nature des choses qui peuvent être soumises à leur délibération ; elles seront composées de cinq membres dont les trois premières Lum.·. feront toujours partie , les quatre autres membres seront nommés par le Vén.·.

Art. 99. Les Commissions ne pourront s'assembler que d'après l'invitation du Vén.·.

Art. 100. Une Commission assemblée pour délibérer ne pourra présenter son travail à la L.·. que quand il aura été adopté à la majorité absolue.

Art. 101. Le travail des Commissions sera soumis immédiatement à l'examen et à la sanction de la L.·. , après avoir été annoncé par les planches de convocation.

CHAPITRE XXe

DES TRAVAUX.

Art. 102. Les Trav.·. seront toujours ouverts à l'heure indiquée dans les planches de convocation.

Art. 103. Le Vén.·. et l'ex-Vén.·. se placeront à l'Or.·.

Art. 104. La Colonne du midi sera composée de l'Orat.·., de son Adjoint, du Trés.·., de l'Arch.·., du premier Exp.·., de l'Économe, de la moitié des Maît.·., selon leur rang d'ancienneté dans la L.·. et des Compag.·.; elle sera fermée par le premier Surveil.·.

Art. 105. Le Secrét.·., son Adjoint, le Garde-des-Sceaux, l'Hospitalier, le Garde des archives, les deuxième et troisième Experts, la moitié des Maît.·. et les App.·. formeront la Colonne du nord; elle sera fermée par le deuxième Surveil.·.

Art. 106. Le F.·. Couvreur se placera sur un siége entre les deux Surveil.·. dans l'intérieur, auprès de la porte du Temp.·., et aura toujours le glaive en main.

Art. 107. Les FF.·. zélés se tiendront dans la Chambre des pas perdus, et ne pourront s'absenter, sous quelque prétexte que ce soit, sans en avoir obtenu la permission.

Art. 108. Aucun F.·. ne prendra séance dans la L.·. qu'en habit décent et décoré conformément à son grade, chaque F.·. devra être pourvu d'une paire de gants blancs, et se munir de son glaive.

Art. 109. Tous les Officiers dignitaires seront décorés des bijoux de leur grade, ces mêmes bijoux appartiendront à la L.·.

Art. 110. Tous les Membres de la L∴ quelque grade qu'ils possèdent, ne pourront porter d'autres bijoux que ceux adoptés par la L∴.

Art. 111. On n'admettra aucun Visit∴ qu'après la lecture du tracé des derniers Trav∴, quand bien même il serait connu.

Art. 112. Dès que le Vén∴ aura annoncé l'ouverture des Trav∴, le plus grand silence devra régner. Dès cet instant on ne pourra plus parler sans en avoir obtenu la permission. Les Surveil∴ la demanderont en frappant un coup de maillet; l'Orat∴, le Secrét∴ et les FF∴ placés à l'Or∴, la demanderont au Vén∴.

Art. 113. Tout F∴ placé sur les Colonnes, qui voudra émettre son opinion, en fera la demande au Surv∴ de sa Colonne, étant debout et à l'ordre.

Art. 114. On ne pourra demander plus de deux fois la parole sur le même objet.

Art. 115. Le Vén∴ rappellera à la question le F∴ qui s'en écarterait.

Art. 116. Tous les FF∴, indistinctement, mettront dans la discussion et dans leurs observations la plus grande aménité.

Art. 117. Le Vén∴ fera les questions ordinaires pour l'ouverture des Trav∴ et fera ensuite les questions à différens membres sur les principes de l'Ordre.

Art. 118. Lorsqu'un F∴ ne sera pas assez

instruit pour répondre, il priera le Surveil.·. de sa colonne de l'aider de ses lumières.

Art. 119. Quand un F.·. demandera le grade qui suit le sien, il devra savoir son catéchisme, sur lequel il sera interrogé par le Vén.·., ou par le Surveil.·. dans sa colonne.

Art. 120. Après l'ouverture des Trav.·. le Secrét.·. remettra au Vén.·. la note des objets dont la L.·. devra s'occuper, il remettra aussi les paquets de correspondance.

Art. 121. Il remettra à l'Orat.·. l'esquisse des Trav.·. de la dernière séance.

Art. 122. Le Maît.·. des Cérém.·. fera l'appel de tous le FF.·. convoqués.

Art. 123. Cet appel commencé, aucun F.·. ne pourra être introduit en L.·., qu'il ne soit terminé.

Art. 124. Pendant l'appel, le Secrét.·. inscrira sur l'esquisse, les noms des FF.·. présens.

Art. 125. Le Secrét.·. donnera ensuite lecture des planches qui auront été tracées par les FF.·. absens.

Art. 126. Il donnera lecture du procès-verbal de la séance précédente ; s'il ne donne lieu à aucune observation, on applaudira à la rédaction en la manière accoutumée.

Art. 127. Le Maît.·. des Cérém.·. sera ensuite envoyé dans la Salle des pas perdus, pour voir s'il y a des Visit.·., il en prendra les noms, les qualités maçonniques, le titre de leur L.·. et leurs certificats, s'ils en ont.

Art. 128. Il rentrera en L.·., demandera la parole au deuxième Surveil.·., et, après l'avoir obtenue, rendra compte de sa mission, en s'adressant au Ven.·.

Art. 129. Le Vén.·. enverra un ou deux Exp.·. reconnaître les Visit.·., qu'ils tuileront exactement, et leur demanderont s'ils ont le mot de Semestre.

Art. 130. Les Exp.·. rentrés, ils demanderont la parole au deuxième Surv.·., et rendront compte de leur mission.

Art. 131. Les Visit.·. seront alors introduits dans l'ordre suivant :

1.º Ceux auxquels il n'est pas dû des honneurs;

2.º Ceux auxquels il est dû des honneurs;

3.º Ceux des Visit.·. présens qui appartiendront à la L.·. la plus ancienne.

Art. 132. Tout Visit.·. ou Membre de la L.·., lorsqu'il sera introduit, restera entre les deux Surveil.·. où il attendra que le Vén.·. l'invite à prendre place.

Art. 133. Pendant la réception des FF.·. Visit.·. les deux Colonnes seront debout, à l'ordre et le glaive en main.

Art. 134. Le Vén.·. nommera des FF.·., tant pour les introduire que pour les conduire à l'Or.·.

Art. 135. Les FF∴ de la L∴ se mettront eux-mêmes à leur place ordinaire ; le Maît∴ des Cérém∴ veillera à ce qu'ils n'en occupent point d'autres que celles fixées par les Règlemens.

Art. 136. Le Vén∴ mettra en délibération les objets dont la L∴ devra s'occuper, et demandera l'avis des FF∴.

Art. 137. Les trois Lum∴, l'ex-Vén∴ et les FF∴ qui seront décorés du grade sublime de Ch∴ R∴ †, pourront parler assis.

Art. 138. Un F∴ ne pourra jamais être interrompu quand il aura obtenu la parole, si ce n'est par le coup du maillet du Vén∴ alors il gardera le silence et attendra qu'il lui soit permis de continuer.

Art. 139. Lorsque les discussions seront terminées, l'Orat∴ fera le résumé des différentes opinions, et donnera ses conclusions d'une manière concise ; elles seront proposées par le Vén∴ et adoptées ou rejetées par la main levée ; il en sera fait mention au procès-verbal.

Art. 140. Si, cependant, l'importance de la discussion l'empêchait de donner ses conclusions séance tenante, il pourra être autorisé à les donner dans la séance suivante.

Art. 141. Si trois FF∴ demandaient que les conclusions fussent passées au scrutin, le Vén∴ ne pourra s'y refuser.

Art. 142. Le scrutin se fera par boules blanches et noires, à la majorité absolue.

Art. 143. Le premier Exp∴ donnera à chacun des FF∴ une boule blanche et une noire, il présentera ensuite une boîte dans laquelle chaque F∴ déposera une boule; le deuxième Exp∴, aussi porteur d'une boîte, suivra le premier et recueillera de chacun des FF∴ la boule qui lui restera, afin de faire la contre-épreuve.

Art. 144. La boîte du scrutin sera remise au Vén∴ qui l'ouvrira, en présence de deux Exp∴, et en annoncera le résultat.

Art. 145. Si les boules blanches et noires sont en nombre égal, le Vén∴ aura la voix prépondérante.

Art. 146. Un F∴ qui sera entré pendant la discussion s'abstiendra de voter.

Art. 147. Quand les objets présentés seront terminés, il sera, dans chaque assemblée, passé sur les deux colonnes un sac, dans lequel tout F∴ sera tenu de mettre la main, et libre d'y jeter, par écrit, toute proposition qu'il jugera convenable pour le bien et l'avantage de l'ordre.

Art. 148. Ce sac sera présenté par le premier Exp∴

Art. 149. Le sac sera remis au Vén∴ qui, conjointement avec l'ex-Vén∴, jugera s'il doit faire lecture des propositions qui s'y trouvent.

Art. 150. Lorsque les propositions mériteront d'être prises en considération, elles seront portées sur l'esquisse afin que la L.˙. puisse s'en occuper dans une autre assemblée, ou à la même séance si les Ouv.˙. ne sont point trop fatigués.

Art. 151. Les Trav.˙. étant momentanément suspendus, on pourra converser à voix basse avec les FF.˙. de la droite et de la gauche, sans cependant se parler à l'oreille.

Art. 152. Un F.˙. qui aura besoin de sortir pour un moment, en demandera la permission au Surv.˙. de sa Colonne qui la lui accordera pour une fois seulement, et si ce même F.˙. demande une seconde permission, le Surveil.˙. de la Colonne en instruira le Ven.˙.

Art. 153. On obéira toujours avec la plus grande docilité aux ordres du Vén.˙.

Art. 154. Il ne sera jamais permis de s'occuper en L.˙. d'objets de Politique et de Religion, ni d'aucun autre étranger à la Maçon.˙.

Art. 155. Tout F.˙. qui troublera la L.˙. en dérogeant aux Règlem.˙., encourra une amende qui ne pourra excéder un franc, ni être moindre de trente centimes ; elle sera déterminée par le Vén.˙. et soumise à tous les FF.˙. par la main levée.

Art. 156. Les FF.˙. encourront la même peine en L.˙. de table comme en L.˙. ordinaire.

Art. 157. Ces amendes seront au profit de la caisse de l'Hospitalier.

Art. 158. Dans chaque assemblée, l'Hospitalier

fera une quête pour les pauvres ; le tronc sera fait de manière que l'on ne puisse voir ce qu'on y met.

Art. 159. La quête sera portée au Vén∴ qui la comptera avec les deux Exp∴, et en annoncera le montant ; le Secrét∴ en mentionnera le produit sur son esquisse, cette quête sera remise au F∴ Hospitalier.

Art. 160. Lorsque le Vén∴ voudra fermer les Trav∴, il interpellera les FF∴ s'ils n'ont plus rien à proposer pour le bien de l'ordre ou de la L∴

Art. 161. Le Secrét∴ fera ensuite lecture de l'esquisse, le Vén∴ demandera si l'on n'a pas d'observations à faire, si l'on garde le silence, l'esquisse sera signée par le Vén∴ et l'Orat∴

Art. 162. Après cette lecture, le Ven∴ ordonnera de payer les Ouv∴, ce qui sera fait ; mais le salaire ne sera accordé qu'à ceux qui auront été présens à l'appel.

Art. 163. Ceux des FF∴ qui seront arrivés, les Trav∴ étant commencés, ne recevront que demi-salaire.

Art. 164. Le F∴ Secrét∴ inscrira, sur un registre déposé à cet effet, les noms des FF∴ auxquels les jetons ou cachets auront été délivrés dans chaque séance ; il en donnera note au F∴

Trés∴ toutes les fois que ce F∴ en fera la demande.

Art. 165. Les Ouv∴ étant payés, le Vén∴ fermera la L∴

CHAPITRE XXIe

DU LOCAL DES ASSEMBLÉES.

Art. 166. La L∴ s'assemblera les premier et quinze de chaque mois ; ces jours ne pourront être changés que par une délibération expresse de l'At∴

Art. 167. Les FF∴ ne pourront jamais s'assembler en L∴ de travail, ailleurs qu'au local ordinaire, et à moins d'y être convoqués par le Vén∴ M∴ de la L∴ qui sera tenu de signer la convocation.

Art. 168. Tous FF∴, nouvellement initiés ou agrégés, seront obligés de signer l'acte de garantie donné à celui des membres de la L∴ qui a passé, en son propre et privé nom, le bail pour la location du local.

Art. 169. La L∴ pourra être convoquée extraordinairement pour affaire urgente par le Vén∴ et en son absence par le premier Surveil∴, et ainsi de suite.

CHAPITRE XXII.ᵉ

Art. 170. Tous les Membres de la L∴ devront assister à toutes les assemblées, et ne pourront s'en dispenser que pour cause de maladie seulement ; dans ce cas ils en justifieront dans les deux plus prochaines séances.

CHAPITRE XXIII.ᵉ

DE LA COTISATION.

Art. 171. A dater du vingt-quatrième jour de l'an de la V∴ Lum∴ 1851, les Contributions mensuelles seront fixées, jusqu'à ce qu'il soit autrement décidé, à un franc.

Art. 172. Le Trésorier sera tenu de présenter, dans l'assemblée de chaque trimestre, l'état des FF∴ qui n'auront pas payé leur cotisation.

Art. 173. Il sera sur le champ tracé une planche aux FF∴ débiteurs, pour qu'ils aient à acquitter leurs cotisations dans la quinzaine.

Art. 174. Si un F∴ laisse passer cette quinzaine sans s'acquitter, il lui sera tracé une seconde planche.

Art. 175. S'il ne paie après ce second avertissement, il lui sera adressé, lors de l'assemblée suivante, une troisième, pour qu'il indique à la

L.·. le motif de son silence ou refus de payer, en le prévenant que son silence à cette dernière planche, sera considéré comme un refus formel et une adhésion à ce que son nom soit rayé du Tableau et porté sur la liste des FF.·. radiés, conformément à l'article suivant :

Art. 176. La liste des FF.·. qui seront rayés pour cause de non paiement, sera affichée dans le Temp.·. avec l'état de leur dette.

CHAPITRE XXIV.ᵉ

Art. 177. Les Officiers seront toujours élus dans l'assemblée qui précédera la Saint-Jean d'été.

Art. 178. Ce travail sera spécialement annoncé dans les planches de convocation.

Art. 179. L'assemblée des élections commencera par un discours que fera l'Orat.·. sur les choix à faire pour remplir les différens offices, et l'impartialité que l'on doit y apporter ; il démontrera succinctement les qualités nécessaires à chaque grade.

Art. 180. On ne pourra exercer pendant plus de trois années le même office, mais une année d'interruption suffira pour être réélu.

Art. 181. Les dignités seront données à la pluralité des suffrages, par la voie des bulletins.

Art. 182. Aucun F.·., s'il n'est Maît.·., ne pourra remplir de dignité.

Art. 183. Le Vén∴ annoncera l'élection des offices.

Art. 184. Le premier ou deuxième Exp∴ distribuera à chaque F∴ autant de bulletins qu'il y aura d'officiers à nommer.

Art. 185. Sans communiquer son vote, et sans chercher à connaître celui de ses FF∴, on inscrira sur un bulletin le nom du F∴ que l'on croira propre à remplir l'office annoncé par le Vén∴.

Art. 186. Le premier Exp∴ recueillera les bulletins dans la boîte des scrutins, les présentera au Vén∴ qui les comptera en présence des deux Exp∴.

Art. 187. Si le nombre des bulletins est égal à celui des votans, le Vén∴ les ouvrira et prononcera à haute voix.

Art. 188. Si le nombre des bulletins n'est pas égal à celui des FF∴, on recommencera.

Art. 189. L'Orat∴ et le Secrét∴ écriront sur une feuille volante, les noms appelés par le Vén∴ et tireront à la suite de ce nom une ligne qu'ils croiseront autant de fois que le même nom sera appelé.

Art. 190. Tous les bulletins ayant été lus et inscrits, seront comparés avec les feuilles de l'Orat∴ et du Secrét∴.

Art. 191. Le F∴ qui aura réuni le plus de suffrages, sera élu et proclamé avec applaudissement.

Art. 192. Si les bulletins présentent un nombre égal de suffrages entre deux ou plusieurs FF∴, on fera de nouveaux bulletins et l'on ne votera qu'en faveur de ceux qui auront réuni l'égalité des suffrages.

Art. 193. Dans le cas où il vaquerait des offices dans le courant de l'année, le remplacement en sera fait de la même manière.

Art. 194. Ces élections n'auront lieu que jusqu'à la Saint-Jean d'été.

Art. 195. Lorsqu'un F∴ dignitaire manquera trois assemblées de suite, sans en avoir prévenu par écrit, sa nomination sera annulée et il sera procédé à son remplacement à la 4.e assemblée.

CHAPITRE XXV.e

DES INITIATIONS, AFFILIATIONS ET RÉGULARISATION.

Art. 196. On ne pourra proposer un récipiendaire que par la voie des sacs de proposition. Il importe que les propositions portent sur des candidats dont la conduite est à l'avance reconnue irréprochable.

Art. 197. On mettra les noms, prénoms, qualité, âge, pays et demeure du proposé.

Art. 198. Ce billet sera lu par le Vén∴ et transcrit sur une feuille volante; il en sera de même pour tout ce qui regarde le proposé jusqu'à son admission.

Art. 199. Lorqu'un F.˙. qui aura proposé un Récipiendaire se fera connaître , il sera privé du droit de suffrage pour tout ce qui concernera son initiation.

Art. 200. Le Vén.˙. nommera en secret une Commission pour prendre des renseignemens sur le Candidat.

Art. 201. Le Vén.˙. communiquera, à la séance suivante , le rapport écrit de la Commission ; dans le cas où ce rapport serait favorable , il sera procédé , séance tenante , au scrutin sur ladite proposition.

Art. 202. Le scrutin sera recueilli par boules blanches et noires.

Art. 203. Si le premier scrutin présente toutes boules blanches , l'admission ou l'agrégation sera de droit, si , au contraire , il présente une seule boule noire , après épreuve et contre-épreuve , le scrutin sera remis à l'assemblée suivante.

Art. 204. S'il se trouvait encore un boule noire , le scrutin sera soumis à une troisième assemblée. Si la proposition existe encore à cette troisième séance, la proposition sera définitivement rejetée.

Art. 205. Le Prof.˙. pourra , cependant , être présenté de nouveau , trois mois après; mais on n'ouvrira le scrutin qu'autant que tous les FF.˙. présens , lors de son rejet , auront été régulièrement convoqués à concourir à cette seconde proposition.

Art. 206. Tous les FF.·. qui ne se rendront pas en loge seront censés n'avoir aucun motif d'opposition.

Art. 207. Dans le cas où le Prof.·. serait encore rejeté, il ne pourrait être représenté pour une troisième et dernière épreuve que six mois après, et selon le mode prescrit par l'article 205.

Art. 208. La réception se fera à l'assemblée suivante, ou dans la même séance, si la Loge y consent ; pour cet objet la pluralité des suffrages suffira.

Art. 209. Lorsqu'on rejettera un Prof.·. ou un Affilié, on brûlera les feuilles volantes sur lesquelles on aura tenu des notes.

Art. 210. Les réceptions sont fixées, pour le premier grade à 50 francs, sur lesquels il sera payé 5 francs au F.·. zélé. Pour le grade de Comp.·. 10 francs ; pour celui de M.·. 10 francs et 3 francs pour le F.·. zélé ; pour les Affiliations 15 francs ; dix francs seulement pour les Militaires, Marins et Voyageurs.

Art. 211. Les métaux seront déposés d'avance chez le F.·. Trés.·. qui en donnera un reçu.

Art. 212. On ne pourra recevoir un Apprenti s'il n'a vingt et un ans révolus, et vingt ans s'il est Lewston ; les deuxièmes et troisièmes grades ne seront accordés qu'après les interstices voulus par les Statuts généraux.

Art. 213. On ne pourra conférer plus d'un grade à un F∴ dans une même Séance, à moins que ce F∴ ne quitte l'O∴ ou ne soit étranger.

Art. 214. Les demandes en Régularisation seront scrupuleusement examinées et scrutées ; le coût de Régularisation sera le même que celui de l'Affiliation.

Art. 215. Les demandes seront faites par un des Memb∴ de la L∴ qui présentera les Diplomes ou Brevets au Vén∴ qui en donnera communication à L'At∴

CHAPITRE XXVI.ᵉ

DES BANQUETS.

Art. 216. Les Banquets des deux Saint-Jean , Patron de l'Ordre , seront d'obligation et de rigueur; tous les Membres domiciliés en cet Or∴ , soit qu'ils y assistent ou non, contribueront par égale portion; aucune excuse , telle légitime qu'elle soit , ne pourra les en dispenser.

Art. 217. Le prix des deux banquets sera fixé préalablement par une décision de la L∴ ; il sera obligatoire pour tous les FF∴

Art. 218. Les Députés et Officiers du G∴ Or∴ ne paieront aucun frais du Banquet.

Art. 219. Les FF∴ Visit∴ qui assisteront au Banquet paieront la même cotisation que les FF∴ de l'At∴

CHAPITRE XXVII.ᵉ

DE LA POLICE.

Art. 220. Le Vén.·. l'ex-Vén.·. les deux Surveil.·., l'Orat.·., le Secrét.·. et le premier Exp.·. forment une Commission qui sera chargée d'examiner toutes les plaintes ou accusations qui leur seront adressées.

Art. 221. Toute accusation sera écrite et adressée au Vén.·.; lorsqu'elle sera anonyme, on la brûlera sans en donner lecture, et il en sera de même pour celles de cette espèce qui se trouveraient dans le sac aux propositions.

Art. 222. Dans le cas où l'accusation ne serait pas grave, la Commission engage le F.·. à retirer sa plainte.

Art. 223. Dans le cas où la plainte renfermerait des motifs graves, la Commission fera appeler le F.·. contre lequel elle aurait été portée, pour lui faire part des charges qui existent contre lui, sans toutefois que le nom du plaignant puisse être cité.

Art. 224. Si le F.·. accusé convient de sa faute, et qu'elle puisse se réparer, on l'invitera à le faire le plus tôt possible; il ne se présentera en L.·. qu'après la réparation demandée.

Art. 225. Si la L.·. se trouve forcée de se séparer d'un F.·., elle le rayera de son Tableau et en préviendra toutes les L.·. affiliées et correspondantes.

Art. 226. Si on a des plaintes à porter contre le Vén.·., on s'adressera au premier Surv.·. qui fera assembler les autres Membres de la Commission, on y adjoindra le Trés.·. pour compléter le nombre prescrit.

Art. 227. S'il arrive qu'un F.·. trouble les Trav.·., L'at.·. prononcera sur la peine qui doit lui être infligée.

Art. 228. Aucun F.·. ne pourra révéler à qui que ce soit, pas même aux FF.·. absens de l'At.·. ce dont on se sera occupé dans les séances.

Art. 229. Une amende serait portée contre le F.·. qui aurait dit à un autre F.·. ce qui se serait passé aux Trav.·. auxquels il n'aurait pas assisté.

Art. 230. Nul Membre de l'At.·. ne devra s'absenter sans avoir demandé et obtenu un congé.

CHAPITRE XXVIII.ᵉ

DU F.·. ZÉLÉ.

Art. 231. Le F.·. Zélé est sous les ordres immédiats du Vén.·., des Commissions et des dignitaires de la L.·., pour tout ce qui est relatif à leurs fonctions respectives; il est tenu de se trouver au local demi-heure avant la tenue de la L.·., pour préparer et disposer l'At.·.

Art. 232. Il fera son rapport à l'Arch.·. toutes

les fois qu'il s'apercevra qu'il y a quelque chose d'égaré ou à réparer.

Art. 233. Le F.˙. Zélé se rendra la veille de chaque tenue, chez le Vén.˙., pour y prendre ses ordres ; son traitement sera fixé par la L.˙. et payé par trimestre ; il ne lui est jamais permis d'introduire aucun Prof.˙. dans l'At.˙.

Art. 234. Aucun changement ne sera fait aux présens Règlemens, que l'objet, pour ou contre lequel on aurait réclamé, n'ait été discuté en L.˙.

Art. 235. Tous changemens et additions aux Règlemens qui auront été arrêtés par la L.˙., seront aussitôt transcrits sur le registre d'ordre et à la suite du précédent, avec indication des articles amendés ; ils seront également signés par tous les FF.˙. qui composent l'At.˙.

<hr>

Les présens Statuts et Règlemens particuliers de la R.˙. L.˙. de l'Interprète-Maçonne, présentés par une Commission spéciale composée des FF.˙. Bourgoin, Vén.˙. M.˙. en exercice ; Le Pantonnier et Girard, Surveil.˙. ; Hamel, Or.˙. Adj.˙. ; Trocheris fils, Secrét.˙. ; Lagarrigue, Trés.˙. et Guidelou, Exp.˙., après avoir été lus et discutés à diverses reprises, ont été définitivement adoptés dans la tenue du 24.ᵉ jour du 4.ᵉ mois de l'an 5831 et déclarés exécutoires pour tous les Membres de la L.·., à dater du lendemain 25.ᵉ jour du 4.ᵉ mois de l'an 5831 de la V.·. L.·.

CERTIFIÉ conforme à l'original, signé par tous les Membres de la L.·. et déposé en ses Archives, à l'Or.·. de Granville, lesdits jours et an que ci-dessus.

BOURGOIN, S.·. P.·. R.·. †.·.
M.·. Vén.·.

LE PANTONNIER, S.·. P.·. R.·. †.·., 1ᵉʳ S.·.
GIRARD, S.·. P.·. R.·. †.·., 2ᵉ S.·.

Par Mandement de la R.·. L.·.

TROCHERIS fils, M.·.

VU par nous Or.·.-Adj.·.

Et.ⁿᵉ HAMEL, M.·.

Scellé et Timbré par Nous
Garde-des-Sc.·. et Timbres,

TROCHERIS père, M.·.

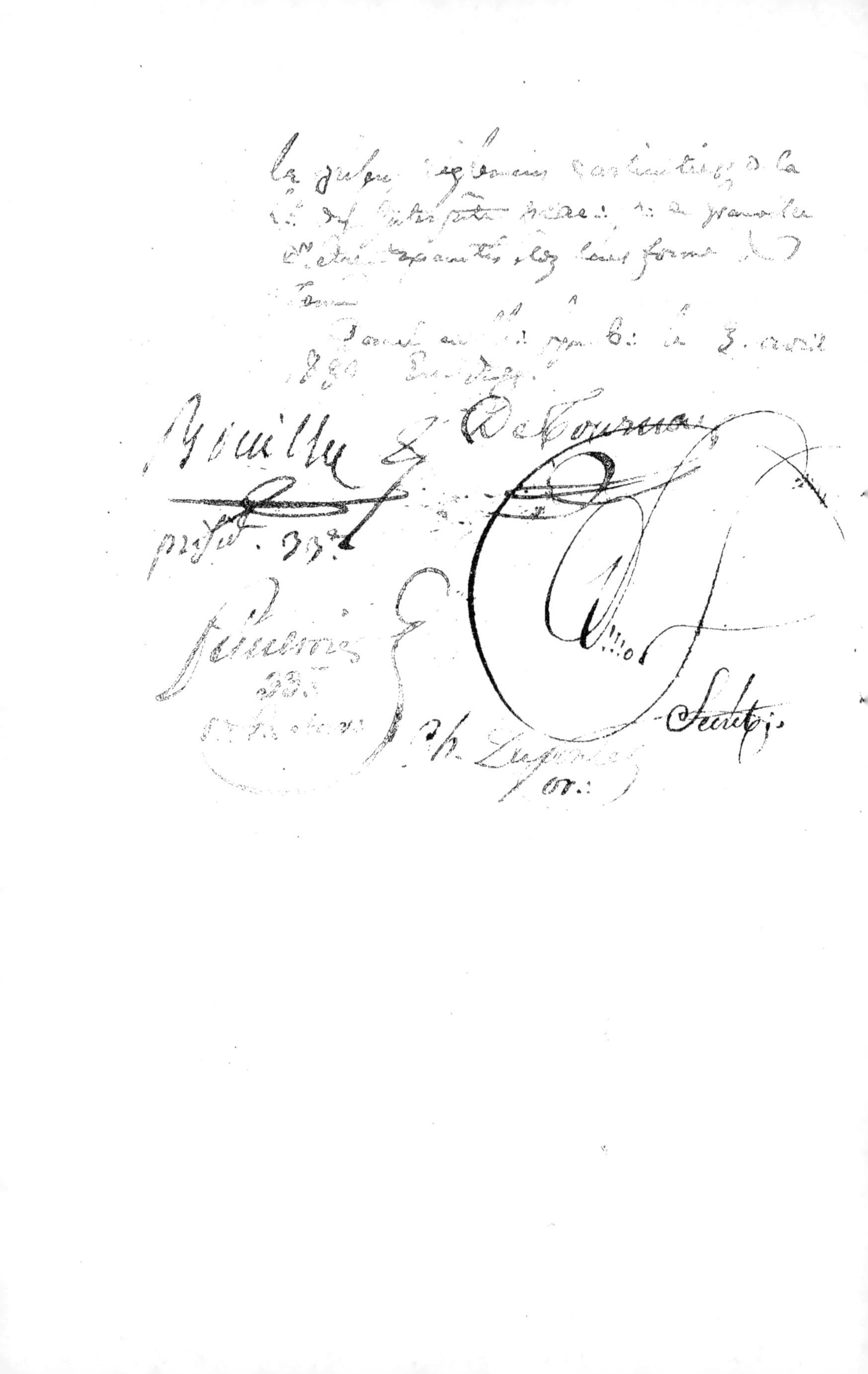

Fait au ... pub ... le 3 avril
1880 ...

Neuville de Tournay
préfet ...

... Secrét.